इस्मत की ईद

पुनर्कथन

फ़ौज़िया गिलानी विलियम्स

चित्र प्रोइती राय

अनुवाद राजेश उत्साही

Tulika

Wordbird Books feature traditional and contemporary stories emphasising the similarities and differences existing in this, our one world. Unfamiliar words and ideas are explained with the help of Wordbirds that streak across the pages, giving readers access to a multicultural vocabulary.

Ismat Ki Eid (Hindi)
ISBN 978-81-8146-406-4

First published in India, 2007
Fourth reprint, 2025

Originally in English

Published by
Tulika Publishers, 305 Manickam Avenue, TTK Road, Alwarpet, Chennai 600 018, India
email reachus@tulikabooks.com *website* www.tulikabooks.com

Printed and bound by
Abi Printers, Chennai, India

कल ईद है। इस्मत को आज बिलकुल फ़ुरसत नहीं थी। दिन भर लोग नए जूतों की खरीदारी करते रहे। शाम होते-होते इस्मत के सब जूते बिक गए।

"उफ़!" इस्मत ने सुकून की लंबी साँस भरी। "चलो अब मैं परिवार के लिए कुछ तोहफ़े तो खरीद सकता हूँ।"

वह जूतों की अपनी छोटी-सी दुकान बंद करके कपड़े और चूड़ियों की दुकान की ओर चल दिया।

“अस्सलामु अलैकुम हमज़ा,” इस्मत ने दुकानदार को सलाम किया।

“वालेकुम अस्सलाम! फ़रमाएँ क्या खिदमत करूँ?” दुकानदार हमज़ा ने पूछा।

“बेगम को ईद पर तोहफ़े में बुरका देना चाहता हूँ,” इस्मत ने कहा।

“यह लीजिए,” हमज़ा ने एक बुरका दिखाते हुए कहा।

“और अम्मीं के लिए एक दुपट्टा,” इस्मत बोला।

"यह कैसा रहेगा?" हमज़ा ने चमकीले नीले रंग का एक दुपट्टा दिखाते हुए पूछा। दुपट्टे पर सलमा-सितारे जड़े थे।

"और बिटिया के लिए कुछ चूड़ियाँ भी दिखाएँ।"

हमज़ा ने इस्मत को तरह-तरह की चूड़ियाँ दिखाईं। चूड़ियाँ चुनना आसान नहीं था। सभी एक से बढ़कर एक थीं।

इस्मत तोहफ़े खरीदकर खुश था। उसने पैसे चुकाए और वहाँ से चलने ही वाला था...

"रुको," हमज़ा ने आवाज़ दी। "मियाँ आपके लिए? आपकी पतलून तो थिगलियों से भरी है। अपने लिए एक नई पतलून क्यों नहीं ले लेते?"

"हम्म, ठीक है," इस्मत बोला।

पर जब ढूँढ़ने लगे तो सिर्फ़ एक पतलून ही मिली। इस्मत ने उसको पहनकर देखा।

"यह तो मेरे नाप से चार अंगुल लंबी है," इस्मत बोला। उसने अपनी दाढ़ी खुजाई और मुस्कुराते हुए हमज़ा को देखा, "क्या आप इसे छोटी कर देंगे?"

"माफ़ी चाहता हूँ," हमज़ा ने कहा। "आज नहीं। मुझे ईद की तैयारी करनी है। अपनी बेगम से कहिए ना!"

"हाँ, ठीक फ़रमाया आपने," इस्मत ने सिर हिलाकर हामी भरी और जल्दी-जल्दी घर की ओर चल दिया।

"वाह! बहुत खूबसूरत है," यासमीन ने बुरके को देखा तो खुशी से उछलते हुए कहा। "मुझे यह रंग भी बहुत पसंद है। इसे मैं ईद पर पहनूँगी।" फिर उसने इस्मत से पूछा, "आपने अपने लिए भी कुछ लिया?"

"हाँ," इस्मत ने कहा, "एक पतलून।"

यासमीन ने पतलून उठाकर देखी, "ये तो कुछ लंबी लगती है।"

"हाँ, चार अंगुल। आप इसे छोटी कर देंगी?"

"आज नहीं," यासमीन ने जवाब दिया। "मुझे बिलकुल फ़ुरसत नहीं है। कल ईद है और मुझे बिरयानी बनानी है। आप अम्मीं से कहिए ना।"

शीरखुरमा एक मीठा व्यंजन
है जिसमें सिवैंया, नारियल
तथा सूखे मेवे होते हैं।

इस्मत अपनी अम्मीं हबीबा से मिलने गया। "अम्मीं, मैं आपके लिए तोहफ़ा लाया हूँ," यह कहते हुए उसने नीला चमकीला दुपट्टा निकालकर उन्हें दिया।

"वाह! बढ़िया!" दुपट्टा लेकर हबीबा बोली। "मुझे यह रंग बेहद पसंद है। इसे मैं ईद पर ओढ़ूँगी।" फिर वह इस्मत की तरफ़ देखकर बोली, "अपने लिए भी कुछ लिया?"

"हाँ," इस्मत ने कहा, "एक पतलून।"

हबीबा ने पतलून उठाकर देखी, "ये तो कुछ लंबी लगती है।"

"हाँ, चार अंगुल। अम्मीं, आप इसे छोटी कर देंगी?"

"आज नहीं," हबीबा ने जवाब दिया। "मेरे पास बिलकुल वक्त नहीं है। कल ईद है और मुझे शीरखुरमा बनाना है। माहजबीं से कहो, वह ज़रूर कर देगी।"

इस्मत अपनी बेटी माहजबीं से मिलने गया। "बिटिया, देखो, मैं आपके लिए क्या लाया हूँ," इस्मत ने कहा और चूड़ियाँ निकालकर सामने रख दीं।

"कितनी सुंदर हैं अब्बू," माहजबीं चूड़ियों को देखकर बोली । "मुझे ये रंग बहुत अच्छे लगे। इन्हें मैं ईद पर पहनूँगी।" फिर उसने अपने अब्बू की तरफ़ देखा और कहा, "अब्बू, आपने अपने लिए कुछ लिया या नहीं?"

"हाँ," इस्मत ने कहा, "एक पतलून।"

माहजबीं ने पतलून उठाकर देखी, "ये तो कुछ लबी लगती है।"

"हाँ, चार अंगुल। आप मेरे लिए इसे छोटी कर देंगी?"

"आज नहीं अब्बू," माहजबीं ने जवाब दिया। "मेरे पास बिलकुल फ़ुरसत नहीं है। कल ईद है। मुझे समोसे बनाने हैं और बेबी को भी संभालना है।"

इस्मत अपने घर वापस आ गया।
उसने कैंची ली और अपनी पतलून को
नीचे से चार अंगुल छोटा कर दिया।

फिर किनारों को मोड़कर सिल दिया।

“मेरी पतलून ईद के लिए तैयार है,” इस्मत ने खुद से कहा और पतलून को तह करके टेबिल पर रख दिया।

फिर उसने यासमीन को आवाज़ देकर कहा कि वह गरीब और बीमार लोगों से मिलने और उन्हें ईद के लिए पैसे देने बाहर जा रहा है और वह घर से निकल पड़ा।

कुछ देर बाद यासमीन ने खुद से कहा,
"इस्मत सचमुच कितने अच्छे शौहर हैं।"
उसने इस्मत की पतलून को कैंची से चार
अंगुल छोटा कर,
किनारों को मोड़कर,
सिल दिया।
फिर वह रसोई में जाकर अपना बाकी का
काम निपटाने लगी।

जब हबीबा को शीरखुरमा बनाकर फ़ुरसत
मिली तो उसने सोचा, "इस्मत सचमुच लायक
बेटा है।" वह इस्मत के घर गई।
हबीबा ने इस्मत की पतलून उठाई,
उसे नीचे से चार अंगुल छोटा किया,
किनारों को मोड़कर सिला,
और फिर तह करके टेबिल पर रख दी।
फिर वापस घर आकर रसोई का बचा हुआ
काम निपटाने लगी।

जब माहजबीं को समोसे बनाने से फ़ुरसत मिली तो उसने सोचा, "मेरे अब्बू सचमुच कितने अच्छे हैं।" वह इस्मत के घर गई।

उसने पतलून उठाई,

उसे नीचे से चार अंगुल छोटा किया,

किनारों को मोड़कर सिला

और फिर तह करके टेबिल पर रख दी। फिर वह अपने घर वापस लौटकर रसोई का बचा हुआ काम निपटाने में लग गई।

अगली सुबह सब मस्जिद जाने के लिए इस्मत के घर पर जमा हुए। यासमीन ने अपना बुरका पहना। हबीबा ने अपना चमकीला नीला दुपट्टा ओढ़ा और माहजबीं ने अपनी रंग-बिरंगी चूड़ियाँ पहनी।

"इस्मत!" यासमीन ने कहा, "आप भी अपनी नई पतलून पहनिए।"

"हाँ पहनता हूँ।"

"बेटा!" पीछे से हबीबा ने आवाज़ लगाई। "आप भी तो अपनी पतलून पहनिए!"

"हाँ हाँ अम्मीं पहनता हूँ," इस्मत ने कहा।

तब तक माहजबीं भी आ गई। "अब्बू! आप भी अपनी पतलून पहनिए ना!" उसने कहा।

इस्मत ने उनकी ओर देखा और सोचा, "ये सब कितने अच्छे हैं। इनके पास मेरी पतलून छोटी करने के लिए फ़ुरसत नहीं थी तो क्या? हैं तो बड़े अच्छे।"

इस्मत अपनी नई पतलून पहनने के लिए कमरे में गया। उसकी अम्मीं, बेगम और बेटी अपने चेहरे पर मुस्कान लिए उसका इंतज़ार कर रहीं थीं।

अचानक कमरे से आवाज़ आई: "ओह! आह ! या अल्लाह!"

"क्या हुआ?" यासमीन ने घबराकर पूछा।

"क्या बात है?" हबीबा ने घबराकर पूछा।

"क्या गड़बड़ है?" माहजबीं ने घबराकर पूछा।

इस्मत कमरे से बाहर निकला।

उसकी नई पतलून उसके घुटनों पर लटक रही थी!

यासमीन, हबीबा और माहजबीं हक्की-बक्की रह गईं।

“मैंने इसे काटकर चार अंगुल छोटा किया था,” यासमीन ने कहा।

“मैंने भी इसे काटकर चार अंगुल छोटा किया था,” हबीबा बोली।

“और मैंने भी इसे काटकर चार अंगुल छोटा किया था,” माहजबीं ने कहा।

“पर मैंने इसे काटकर चार अंगुल छोटा किया था,” इस्मत ने कहा।

एक पल के लिए सन्नाटा छा गया, फिर इस्मत ज़ोर-ज़ोर से हँसने लगा और फिर सब हँसने लगे।

"चलो, टुकड़ों को वापस सिल देते हैं," यासमीन ने कहा।

"हाँ, हाँ, हाँ," इस्मत ने कहा। यासमीन, हबीबा और माहजबीं उसकी पतलून को दुरुस्त करने में जुट गए।

कुछ ही समय में इस्मत की पतलून तैयार थी और माशाल्लाह बिलकुल फिट!

सब ईद के अपने नए कपड़े पहनकर खुशी-खुशी मस्जिद गए।